एक रहस्य़

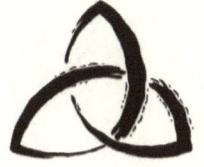

पेरीकोरिसेस शब्द पर एक विचार

भय और छिपने की हमारी मंशा को वास्तविक स्वीकृती दूर करती है, जानना तथा किसी के द्वारा गहराई से पहचाना जाना स्वतंत्रता पैदा करती है। इस स्वतंत्रता में ऐसी संगती तथा साझेदारी उत्पन्न होती है जो इतनी ईमानदार, खुली तथा वास्तविक हो, कि जो व्यक्ती इसमें शामिल हैं वे एक दूसरे में रहतें हैं। व्यक्तिगत पहचान खोये बिना यह मिलन होता है। जब एक रोता है, तब दूसरा भी दु:ख अनुभव करता है। केवल पिता, पुत्र, पवित्र आत्मा के त्रिएक रिश्ते में इस तरह का व्यक्तीगत संबंध मौजूद है। प्रारंभिक कलीसिया ने इसका वर्णन करने के लिए " पेरीकोरिसेस " शब्द का इस्तेमाल किया है। खुशखबरी यह है कि यीशु मसीह ने हमें इस रिश्ते में शामिल किया है तथा यह जीवन और इसकी परिपूर्णता हम में से प्रत्येक में और सारी सृष्टी में खेला जाना है।

बॅक्सटर क्रुगर या पेरीकोरिसेस पर अधिक जानकारी के लिए www.perichoresis.org पर जाए।

ISBN: 978-1-960761-02-6

© सी. बॅक्सटर क्रुगर 2024

प्रथम प्रकाशित 1994 पुनर्प्रकाशित 2024

पेरीकोरिसिस प्रेस द्वारा प्रकाशित
पी.ओ. बॉक्स 98157
जैक्सन, एम.एस 39298 अमेरिका

लेखक के विषय में

डॉ. बॅक्सटर क्रुगर जो एक धर्मशास्त्री और लेखक हैं, वे पेरीकोरिसेस मिनीस्ट्रीस के संचालक हैं। उन्होंने एबरडीन विश्वविद्यालय, एबरडीन स्कॉटलैंड से प्रोफेसर जेम्स़ बी टॉरेंस के तहत धर्मशास्त्र मे पी.एच.डी. हासिल की है। बॅक्सटर ने नौ किताबें लिखी है, जिसमें से तीन अंतरराष्ट्रीय स्तर पर प्रसिध्द है। उन्होंने कई निबंध तथा सैकडों व्याख्यान लिखे हैं। पिछले तीस वर्षों में उन्होंने दुनिया भर के कई जगहों पर व्याख्यान दिये हैं। उनकी पत्नी बेथ के साथ उनकी शादी को ३९ साल हो चुके हैं। उन्हें चार बच्चे और चार पोते-पोतियाँ हैं।

कव्हर डिज़ाइन: टॉम कैरोल, दक्षिण ऑस्ट्रेलिया
चित्रण : डियान सी. ब्रायन, जॅक्सन, मिसीसिपी
पुस्तक लेआउट : कॅरन थॉम्प्सन, पश्चिम ऑस्ट्रेलिया
अनुवाद : आशिष शिंदे, इंग्लैंड

कल्पना कीजिये कि एक आठ वर्ष का बच्चा एक मेले में है। जहाँ वह उन सारी चीज़ों से घिरा हुआ है जिसके बारे में एक बच्चा सपना देखता है। जैसे कि रोमांचक आसमानी झूला, खाना-पीना, खेल और ईनाम, और भी बहुत कुछ जो उसके पहुँच में है। और वह उस पल का पूरा लुफ्त उठा रहा है। पर अचानक उसे पता चलता है कि वह अपने माता-पिता से अलग हो चुका है। वह खो गया है। और बस उसकी छोटी सी आत्मा को एक डर पूरी तरह से जकड़ लेता है। पलक झपकते ही वह हर्ष मनाने से हटकर दहशत भरे माहौल में चला जाता है, उसे यह भी ध्यान नहीं रहता कि वह एक मेले में है। और आस-पास के सुंदर और मनमोहक चीज़ों को देखने और उनका मज़ा लेने की उसकी आज़ादी हवा में कहीं गायब हो जाती है।

यह कहानी हमें यह बताती है कि जो हम भीतर महसूस करते हैं वह हमारे बाहरी चीजों को देखने के नज़रिये को आकार देता है। हम भीतर से इतने बिखरे हुये हो सकते हैं कि हमारे चारों ओर मौजुद रोमांचकारी और मनमोहक चीज़ें हमें दिखाई भी ना दें। अब वही चीज़ें हमें उतनी रोमांचकारी और मनमोहक नज़र नहीं आती। और जब ऐसा होता है, तब हम उनका आनंद लेने की आज़ादी खो देते हैं।

मुझे लगता है मेले में खोया हुआ यह बच्चा मानवी जीवन का एक दृष्टांत है, यह हमारे साथ होने वाली उन बातों का एक चित्र है कि हमारा आनंद और संतुष्टी इतने अस्थिर क्यों हो जाते है, जीवन इतना दर्दनाक और अर्थहीन क्यों हो सकता है। बार बार हमारा सामना ऐसी चीज़ों से होता है जो हमारे भीतर पैदा करते हैं। यह भी हो सकता है कि हम इसे जानते भी ना हों। भीतरी बिखराव या घबराहट की बात करें तो, ये शायद हमारे सचेत भावनाओं तक भी नहीं पोहोंचते। तो मेले में खोये हुए उस बच्चे की भावानाओं की तीव्रता को उस स्तर

पर महसूस करना दूर की बात है। पर घबराहट तो हो रही है। और इसका प्रभाव उतना ही है। हमारे भीतर की घबराहट हमारे आस पास के रोमांचकारी जीवन को देखने की हमारी क्षमता कम कर देती है और उसमें जीने की हमारी आज़ादी को जकड़ लेती है। और हम उसमें पूरी तरह जी नहीं पाते। हमारा जीवन उस महिला की तरह खोखला बन जाता है जो चुटकुले की मजाकिया लाईन न समझने के बावजूद ठहाका लगाती है।

ऐसा नहीं है कि वह रोमांच कहीं और चला गया, बस फर्क यही है कि अब हम उसे देख नहीं पा रहे। हम एक छोटी बच्ची की मुस्कान को देखते हैं और हमें कुछ नज़र नहीं आता। वह वहाँ खड़ी है, एक वास्तविक चमत्कार और एक जीती जागती सुंदरता की मिसाल जो *हमें* देखकर मुस्कुरा रही है, और कुछ बताना चाहती है। पर हम कुलमिलाकर सिर्फ उसकी मुस्कुराहट पर ही नज़र डालते हैं। वही हम फूलों, संगीत, काम, बेसबॉल और दूसरे लोगों के साथ भी यही करते है। उनकी हैरत और शोभा हम देख नहीं पाते। वे बस हमें फीके से, संसारिक, ऊबाऊ और बिना मतलब के लगने लगते हैं। मुझे नहीं लगता कि जो हो रहा होता है उसके प्रति हम होशपूर्वक जागरूक है। शायद ही कभी हम अपने आप से कहते हैं कि यह व्यक्ति या वह फूल उबाऊ है। हम उन्हें सिर्फ वैसे नहीं देखते जैसे वे होते हैं, जिसके परिणामस्वरूप, उनकी उपस्थिति हमें महसूस नहीं होती या हमारे लिए कुछ भी मायने नहीं रखती है। इससे पहले कि हम इसे समझें सप्ताह बीत जाते है - शायद महीने और साल भी हम जीवित तो हो सकते हैं, पर शायद हम जिंदगी जीना भूल चुके हैं। क्योंकि हम जिंदगी से जुड़ नहीं पाते और जो हम देख नहीं पाते उसका आनंद बहुत कम हो जाता है।

बौनौं की दुनिया

आइए मैं आपको एक कहानी सुनाता हूँ जो बताती है कि इस तरह का अंधापन हमारे साथ क्या करता है। यह सी.एस. लुईस की शानदार कहानी, द *क्रॉनिकल्स ऑफ नार्निया* से है।[1] पहला सीन - यह एक सुंदर भूमी का अच्छा दिन है। सारी पृथ्वी महिमा से भरपूर और एक चमकदार प्रकाश से जीवित है, हमारे सर्वोत्तम और सबसे शानदार दिनो में से एक यह प्रतिज्ञा और ठहराया गया देश नार्निया है। कहानी के अनेक किरदार बढ़ते हुये उत्साह और बेकाबू आनंद के साथ आसपास टहलते हुये नज़र आते हैं जैसे उन्होंने कभी इतनी सुंदर, जीवंत, वास्तविक, और इतनी अच्छी किसी चीज़ की कल्पना भी नहीं की होगी।

लेकिन यहाँ बौनों का एक पीड़ादायक छोटा समूह भी मौजूद है। वे और कुछ नहीं कर रहे हैं। उनकी आँखों में कोई आश्चर्य नज़र नहीं आता। उन्हें कोई खुशी महसूस नहीं होती। वास्तव में, वे जमीन पर एक तंग घेरे में ढेर लगाये हैं। एक अच्छे दिन में खुद को एक सुंदर भूमि पर होने के बारे में सोचने से दूर, उनका मानना है कि वे "घने अंधकार से भरे, एक बदबूदार छोटे से अस्तबल" में फंसे हुए हैं।[2]

लुसी, जो कहानी की एक किरदार है, बौनों पर चिल्लाती है: "लेकिन यहाँ अंधेरा नहीं है, बेवकूफ बौनों। क्या तुम्हें दिखायी नहीं देता? ऊपर देखो! आस-पास देखो! क्या तुम्हें आकाश और पेड़ और फूल दिखायी नहीं देते? क्या तुम्हें

1 सी.एस. लुईस, द *क्रॉनिकल्स ऑफ नार्निया*, वॉल्यूम 7: *द लास्ट बैटल* (न्यूयॉर्क: कोलियर बुक्स, मैकमिलन पब्लिशिंग कंपनी, 1956)। लुईस की शानदार किताबें, *टिल वी हैव फेसेस* (न्यूयॉर्क: हार्कोर्ट ब्रेस जोवानोविच, 1957) *और द ग्रेट डिवोर्स* (न्यूयॉर्क: कोलियर बुक्स, मैकमिलन पब्लिशिंग कंपनी, 1946) भी देखें।

2 लुईस, *द लास्ट बैटल* पेज 144.

मैं नज़र नहीं आ रही?"[3]

डिग्गल नाम का बौना चिड़चिड़ाते हुये गुस्से में चिल्लाता है: "पर मैं वह कैसे देख सकता हूँ जो यहाँ है ही नहीं? और इस घोर अँधेरे में जितना तुम मुझे देख सकती हो, उससे ज्यादा मैं तुम्हें कैसे देख सकता हूँ?"[4]

तुरंत ही लुसी के दिल से दुःख की एक धारा फूट पड़ती है। तभी उसे एक विचार आता है। वह कुछ जंगली फूलों का गुच्छा तोड़कर डिग्गल की ओर धकेलते हुए कहती है "सुनो, बौने," "चाहे तुम्हारी नज़र कमज़ोर हो, पर तुम्हारी नाक तो ठीक है: क्या तुम इसे सूंघ सकते हो?"[5]वह सूंघ सकता है, पर ताज़ा फूलों को नहीं, डिग्गल को सिर्फ अस्तबल की गंदगी की बदबू आती है, जिससे वह इतना गहरा अपमान महसूस करता है कि लुसी पर एक ज़ोरदार हमला करता है।

उसी समय, एक विशाल शेर असलान प्रकट होता है। असलान कहानी का सर्वोच्च नायक है और जो नार्निया के अस्तित्व और महिमा के लिए ज़िम्मेदार भी है। लुसी, अंधे बौनों पर अपने हताशा भरे दुःख में, असलान को तुरंत उनकी मदद करने के लिए कुछ करने कहती है। आगे जो होता है वह दिलचस्प है:

असलान सिर ऊपर उठाकर अपने गर्दन की जटाओं को
झटकता है। और तुरंत ही बौनों के घुटनों के आगे एक
शानदार दावत नज़र आती है: जिसमें मिठाईयां, कबुतर और

---

3   लुईस, द लास्ट बैटल पेज 144

4   लुईस, द लास्ट बैटल पेज 144

5   लुईस, द लास्ट बैटल पेज 145

> कई प्रकार के स्वादिष्ट व्यंजन होते हैं और प्रत्येक बौने के दाहिने हाथ में उत्तम दाखमधु का एक प्याला होता है। पर यह उतना फायदेमंद नहीं होता। लालच में आकर वे खाना-पीना तो शुरू करते हैं, पर यह स्पष्ट नज़र आता है कि वे इसका ठीक से स्वाद नहीं ले पा रहें। उन्हें लगता है कि वे उसी प्रकार की चीज़ें खा और पी रहे हैं जो आपको एक अस्तबल में मिल सकती हैं। एक कहता है कि वह घास खाने की कोशिश कर रहा था और दूसरा कहता है कि उसे एक पुरानी शलगम दी गयी है और तीसरा कहता है कि उसे एक कच्ची गोभी का पत्ता मिला है। और वे उत्तम दाखमधु के सुनहरे प्याले अपने होठों को लगाते हुये कहते हैं, "ओह! ऐसा लग रहा है जैसे गधे के कुंड में से गंदा पानी पी रहे है! कभी नहीं सोचा था कि हम पर ऐसी स्थिति भी आयेगी।"[6]

यह वास्तव में दुखद स्थिति है। बौने एक शानदार खुले आसमान के नीचे मैदान में बैठे हैं। उनके सामने राजा द्वारा आमंत्रित एक स्वादिष्ट दावत है (बेशक यदि आप अंग्रेज होंगे तब ही आपको यह एक दावत जैसा महसूस होगा, लेकिन अपनी कल्पना का इस्तेमाल करें)। उनके हाथों में सोने की प्याली है। पर, जैसा कि लुसी ने कहा, उन्हें सबकुछ गलत नज़र आ रहा है, और बाकी सबकुछ भी उन्हें निश्चित ही गलत नज़र आयेगा। वे वास्तव में प्रतिज्ञा के देश की उत्तम दाखमधु पीते हैं और उन्हें सिर्फ गधे की कुंड के गंदे पानी का ही स्वाद महसूस होता है!

6 लुईस, *द लास्ट बैटल* पेज 145

ध्यान से सुनें समस्या यह नहीं है कि बौनों को नार्निया की शान से बाहर रखा गया है। नार्निया में उनका अस्तित्व दूसरे किरदारों के बराबर ही है। वास्तव में, बौनें नार्निया से जितना परिचित हैं उससे ज्यादा परिचित होना उनके लिये असंभव होगा। पर उनकी देखने की क्षमता में दोष है।[7] और ठीक से न देख पाने के कारण वे नार्निया को*नार्निया* के रूप में अनुभव नहीं कर पाते हैं। ठीक मेले में उस बच्चे की तरह, बौनों का अंधापन उन्हें नार्निया के आनंद से वंचित कर देता है और यही बात उन्हें चिड़चिड़ा और कड़वा बना देती है।

हमारे साथ यही होता है। ऐसा नहीं है कि हम नार्निया से बाहर किये गये हैं, एक बात कहें तो। दावत हमारे लिये है। हम प्रतिदिन राजा के शाही भोज में भोजन करते हैं और सभी दाखमधु के सुनहरे प्याले भी उठाते हैं। पर हमें किसी ना किसी बात का भ्रम होते रहता है और हमें ठीक से दिखाई नहीं देता। हम यह नहीं देखते कि हम वास्तव में कौन हैं, हम कहाँ हैं और किस महिमा में शामिल हैं।[7] और किसी ना किसी बात का भ्रम होना, प्रकाश का न होना, हमारे सही नज़रिये का न होना, दावत को *दावत* के रूप में, मेले को *मेले* के रूप में, जीवन को *जीवन* के रूप में अनुभव करने की हमारी क्षमता को नष्ट कर देता है। महिमा को देखे बिना हमें उसमें रहने की स्वतंत्रता नहीं होगी। और जीवन अनिवार्य रूप से एक आनंदहीन, उबाऊ, बिना मतलब का दिनचर्या बन जाता है - कभी-कभी, भयानक भी।

दुष्ट की चाल

पर हम इतने अंधे क्यों होते हैं? भ्रम कैसे पैदा होता है? वह क्या है जो हमें

---

7   मत्ती 6:22-23. देखें

ठीक से देखने से रोकता है? मेले में बच्चे की कहानी में हमारे पास पहले से ही उत्तर का पहला भाग है। अंदर से बिखरे होने के कारण वह ठीक से देख नहीं पा रहा था। हमारे साथ भी ऐसा ही होता है। हमारे दिल टूट जाते हैं, और तुरंत हम अपनी सुरक्षा, अपनी आशा, अपना आश्वासन खो देते हैं। जब ऐसा होता है तो हम इतने चिंतित और भयभीत और आतंकित हो जाते हैं कि हम अपने ध्यान देने की क्षमता खो बैठते हैं।

पर हम अपनी सुरक्षितता, आशा और आश्वासन क्यों खो देते हैं? किन कारणों से हमारे भीतर का हिस्सा टूटकर बिखर जाता है? समस्या यह है कि हमारे जीवन के साये में एक बुढ़े दुष्ट जैसा कोई छिपा बैठा रहता है।[8] वह खुद को छिपाये रखता है, जबकि उसकी छोटी कुटील आंखें हमारे हृदय पर गढ़ाये रखता है। वह मनुष्य के कार्य करने का तरीका जानता है। वह क्रम जानता है: सुरक्षितता देखने की स्वतंत्रता पैदा करती है और देखना आनंद लेकर आता है। इसलिए वह ध्यान से देखता है, उसकी नज़र सुरक्षा या आशा या आश्वासन की पहली झलक पर रहती है। इसे एक बार देख लेने पर, वह पहियों की गती सेट कर देता है, - ऐसे पहीए जो हमारी सुरक्षा का दम घोंटने के लिए तैयार की गई एक शैतानी योजना हैं। कल-पुर्जे पहले से ही मौजूद है और अच्छी तरह से ग्रीसिंग भी की गयी है। इसे शुरू करने के लिए सही समय पर सिर्फ एक फुसफुसाहट मात्र की जरुरत होती है। और हम उसकी योजनाओं से इतने अनजान होते हैं, हमें पता ही नहीं चलता कि क्या हो रहा है।

मनुष्यों की तुलना में कहीं अधिक स्पष्टत रुप से दुष्ट को यह जानकारी है कि सारी सृष्टी में एकमात्र सुरक्षितता यह जानने से मिलती है कि सर्वशक्तिमान

8 2 कुरिन्थियों 4:3-4 और 2 तीमुथियुस 2:26 देखें

पिता परमेश्वर ने हमें यीशु मसीह में अपनाया है। इसीलिए उसकी योजनाएँ या तो हमें पिता के प्रेम की सच्चाई जानने से या उस पर विश्वास करने से रोकने के लिए होती हैं। जिसकी वजह से वास्तविक सुरक्षितता को ग्रहण लग जाता है, और इसका अर्थ यह है कि अंधापन, लिहाजा खाली जीवन सिर्फ एक पल की दूरी पर है।

दुष्ट शर्मिंदगी का एक माहिर विशेषज्ञ है। वह हमारे अपराध और हमारे घावों का फायदा उठाने में माहिर है। यह ऐसा है जैसे वह अपने साथ एक फावड़ा लेकर चलता है, और उन सभी काली करतूतों को खोदता है जिसे हम दफनाये रखने की कोशिश करते हैं। वह हमारी असफलताओं को खोदता है, खासकर उन असफलताओं को जिनके कारण हम सबसे ज्यादा शर्मिंदगी महसूस करते है – जो हमने किया हो या हमारे साथ गलत बर्ताव किया गया हो, इससे उसे कोई फर्क नहीं पड़ता - और वह उन्हें दोबारा बाहर घसीटता है ताकि हमें उन्हें दोबारा महसूस करना पड़े और उन सभी को फिर से दोबारा याद करना पड़े। और फिर वह साये में से बुदबुदाता है कि हम व्यर्थ हैं, अच्छे नहीं हैं, हमारा कोई स्थान नहीं, क्षमा करें, कुछ नहीं हो सकता। उसका पसंदीदा बयान है *"मैं कुछ नहीं हूँ..."* और वह हमें इतनी बारीकी से फुसफुसाता है कि हमें लगता है कि यह हमारा ही बयान हैं: "मैं अपनाने के लायक नहीं हूँ। मैं पर्याप्त नहीं हूँ। मैं उतना होशियार नहीं हूँ, उतना बेहतर नहीं हूँ, ना ही सक्षम हूँ, ना ही रचनात्मक हूँ, ना ही खास हूँ। मैं कुछ सही नहीं कर रहा। ना ही मैं कर पाऊँगा।"

पर यह तो सिर्फ एक शुरुआत है। वह परमेश्वर के बारे में भी झूठ बुदबुदाता है। वह हमें बताता है कि परमेश्वर हमारे उस पिता के समान है जो हमें पीटता था या अपशब्द कहता था या फिर हमें ठुकराता था। वह हमें बताता है कि परमेश्वर

एक उबाऊ बूढ़े प्रोफेसर की तरह है जो अपनी खुद की दुनिया में बैठकर अपने आपसे ज्ञान की बातें करता रहता है। वह हमें बताता है कि परमेश्वर एक मुनीम की तरह है जो हाथ में कलम लिये दूर से ही हम पर सिर्फ यह जाँचने के लिये नज़र रखता है कि हम उसके नियमों पर कैसे चल रहे हैं। वह हमें बताता है कि परमेश्वर 'किताबी कीड़े' जैसे लोगों का एक ऐसा दिव्य रुपांतर है जो टीवी पर प्रचारक के लिए सही ठहरता है, या फिर वह हमारे परिचय में रहने वाले उन कई धार्मिक लोगों की तरह है जो अपनी व्यक्तिगत अहमियत में हमारे पहुँच से बाहर है। वह हमें बताता है कि परमेश्वर स्टार *वार्स* में दर्शाये गये उस "शक्ति" की तरह है – जो सामान्य व्यक्ति के लिए समझ से बाहर, अनजान, अज्ञात और बेकार है।

आपने देखा दुष्ट क्या कर रहा है। वह हमें बहका रहा है। वह हमारी असफलताओं से हमें इतना शर्मिंदा करता है, कि हमारे लिए यह विश्वास करना लगभग असंभव हो जाता है कि हम परमेश्वर के हैं। उसका यह झूठ कि परमेश्वर हमारे पृथ्वी के पिता या उस हिसाब रखने वाले मुनीम के समान है जिसके परिणाम स्वरुप हम यह मान लेते हैं कि परमेश्वर हमें पसंद नहीं करता। तो उसकी फुसफुसाहट "मैं कुछ नहीं हूँ..." आसानी से विश्वास दिलाती है कि "इसलिए परमेश्वर मुझे नहीं चाहता," "इसलिए परमेश्वर को मुझमें कोई दिलचस्पी नहीं है," "इसलिए परमेश्वर ने मेरे लिए सभी आशा छोड़ दी है, मुझसे हार मान कर वह मुझसे दूर चला गया है।" और यदि यह भी काम नहीं आता, तो क्या इस जानकारी से आपको सुरक्षितता मिल सकती है कि आप का संबंध किसी अनजानी शक्ति, या एक दिव्य किताबी कीड़े, या एक उबाऊ बूढ़े प्रोफेसर से है?

वर्षों से दुष्ट अपने झूठ और आरोपों को हमारी सोच में बुनता आया है। जो एकसाथ मिलकर हमारे भीतर एक गहरा संदेह पैदा करते है जैसे कि: मैं एक,

खोया हुआ, त्यागा हुआ और ठुकराया हुआ व्यक्ति हूँ। वह सावधानी से संदेह को हमारे रोम रोम में बसा देता है जिसके परिणामस्वरुप हम उसे एक धारणा मानने लगते हैं। हमें तैयार किया जा रहा है और फिर भी हमें पता भी नहीं होता। वह छुपकर इंतज़ार करता और देखता रहता है, न केवल सुरक्षा के पहले संकेत के लिये, बल्कि इससे भी ज्यादा महत्वपूर्ण, कि हम हमारे जीवन में किसी नकारात्मक अनुभव में से गुजरें। फिर वह हमें अपना आखरी शब्द फुसफुसाता है: देखा, मैंने तुमसे कहा था कि नहीं।" और उसी क्षण संदेह एक निष्कर्ष में बदल जाता है और हम मान लेते हैं कि हम अकेले, खोये हुये, त्यागे हुये और ठुकराये हुये हैं।

इस झूठ पर विश्वास करने से हम पर क्या परिणाम होता है? यह पूरी तरह से हमारे अंदरूनी हिस्सों को तोड़ देता है। हम इसे महसूस करें या न करें, हमारी सुरक्षितता, आशा और आश्वासन व्याकुल हो जाते हैं, और हम तुरंत देखने की स्वतंत्रता खो देते हैं। एक पल में, हमारी ध्यान देने, गौर करने और खोजबीन की क्षमता पूरी तरह निष्क्रिय हो जाती है। और हम ध्यान नहीं दे पाते, और ध्यान नहीं दे पाने का अर्थ है कि जीवन से हमें कोई आनंद नहीं मिलता। यह हमें खोखला कर देता है। और हम में से कोई भी खोखलेपन के साथ नहीं रह सकता है, इसलिए हम खुद को किसी ऐसी चीज़ को गर्मजोशी से खोजने में इतना डूब जाते हैं जो हमें लगता है कि यह हमारे खोखलेपन को भर देगी, या फिर हम उस दर्द से दूर भागते हैं। इन सारी संभावनाओं में हम कभी यह नहीं जान पाते कि हम कर क्या रहे हैं।

एक सत्य

पर वह दुष्ट तो झूठा है, झूठ का पिता।[9] सच तो यह है कि आप खोये हुये नहीं हो। आप सर्वशक्तिमान पिता परमेश्वर द्वारा उसके पुत्र यीशु मसीह में खोज लिये गये हो। *आपकी* यही पहचान है। आप त्यागे हुये, अकेले या ठुकराये हुये नहीं हो। आप ठहराये गये, अपनाये गये और पिता द्वारा उसके पुत्र और उसके प्रेम में स्वीकारे गये हो।[10] यीशु में आपके लिये कहा गया परमेश्वर का निर्णय "मैं कुछ नहीं," के विपरीत " *तुम मेरे हो* !" है।

यीशु मसीह ने आपकी असफलताओं, गलतियों, आपके दोष और शर्मिंदगी और आपके अकेलेपन को अपने ऊपर ले लिया है – यह वही चीज़ें हैं जिसे दुष्ट खोदता है – और इन सभी बातों को क्रूस पर नष्ट कर दिया।[11] सारा कालापन माफ कर दिया गया है, साफ कर दिया गया है, मार दिया गया है। यह पूरा हो चुका है, समाप्त हो चुका है, हमेशा के लिए चला गया गया है। उसने हर उस चीज़ का अंत कर दिया है जो हमें उसके पिता और उसके घर में उसके जीवन से अलग करती है। इसीलिए वह आया। हमारे लिए पिता के घर में जगह तैयार करने के लिए भेजा गया था,[12] एक ऐसी जगह जो पिता की मंडली में अपनाने, प्रेम और आनंद का स्थान है। और उसने आपके लिए जगह तैयार की है और पिता के जीवन में आपके लिए स्थान बनाया है। पर आप इन बातों से अनजान हैं।

दुष्ट आपको विश्वास दिलाता है कि आप मेले में त्यागे और खोए हुए बच्चे

---

9   यूहन्ना 8:44 देखें

10   2 कुरिन्थियों 5:14-21; इफिसियों 1:3-13; कुलुस्सियों 1:19 देखें

11   कुलुस्सियों 2:13-14

12   यूहन्ना 14:1-3 देखें

हैं। आप नहीं जानते कि स्वयं पिता ने आपको ढूंढा – और आप स्वीकारे और अपनाये गये हैं। आप नहीं जानते कि यीशु मसीह आपका चरवाहा है,[13] जिसे पिता ने भेजा, कि उसने आपको ढूंढा, आपको पाया, आपको नहलाया और पूरी तरह से शुद्ध किया, आपको अपने कंधों पर बैठाकर अपने पिता के घर ले गया। आपको लगता होगा कि परमेश्वर एक मुनीम होगा या एक अनजानी ताकत जो कहीं न कहीं निवास करती है। पिता द्वारा अपनाये जाने और माफ किये जाने और आपके प्रति उसका जोशीला उत्साह और आप में उसके सर्वोच्च आनंद के बारे में आप बिल्कुल अनजान हैं। आप एक बैठे हुए बतख की तरह लाचार हो। निस्सहाय। इस तथ्य के वास्तविक ज्ञान के बिना कि सर्वशक्तिमान पिता परमेश्वर ने यीशु मसीह में अनंतकाल के लिये पकड़ लिया है, जब दुष्ट फुसफुसाता है तो आपके पास कोई जवाब नहीं होता। आपने जितनी भी आशा इक्कठा की है, वह सूखे पत्ते की तरह हवा में उड़ जाती है। आप भीतर से बिखरे हुये हो। आपकी सुरक्षितता खो गई है। कोई रोमांच नहीं रहा। आपके जीवन में कोई आनंद नहीं रहा। आपके लिए यह नींद से जागने और प्रकाश को देखने का समय है!

आपके लिए यह सच्चाई जानने का समय है।[14] यह आपके लिए इस वास्तविक परमेश्वर को जानने का समय है और यह भी कि आप कौन हैं, और यह जानने का समय है कि आपके पिता परमेश्वर ने उसके पुत्र में पवित्र आत्मा की सामर्थ में वास्तव में आपको कितना महान और अद्भुत बनाया है।

"इम्मानुएल।"[15] जो कुलमिलाकर परमेश्वर का एक शब्द में सारांश है। क्या आप जानते हैं कि "इम्मानुएल" का क्या अर्थ है, जानते हैं? इसका अर्थ है "परमेश्वर

---

13 यूहन्ना 10:11-16 देखें

14 यूहन्ना 8:31-32 देखें

15 मत्ती 1:23 देखें

हमारे साथ है।" ध्यान से गौर करें कि इसका अर्थ यह नहीं है कि परमेश्वर हमारे साथ था या परमेश्वर हमारे साथ होगा। इसका अर्थ है कि परमेश्वर हमारे साथ है और हम परमेश्वर के साथ हैं। यह कोई एक साफ-सुथरा धार्मिक विचार नहीं है। और निश्चित रूप से यह ऐसा निमंत्रण नहीं है जो हमारे धार्मिक कार्यों पर निर्भर करता है। इम्मानुएल एक चट्टान या वह ठोस तथ्य है जिसे परमेश्वर ने स्थापित किया है। यह वास्तविकता की एक दिव्य घोषणा है। परमेश्वर ने हमें त्याग नहीं दिया। उसने हमें गले लगाया और यीशु मसीह में अपना बना लिया है।

जीवन की ज्योति

पर वास्तव में ऐसा कहने का क्या अर्थ है कि परमेश्वर हमारे साथ है और हम यीशु मसीह में परमेश्वर के साथ हैं? इसका निश्चित रूप से अर्थ है कि हमारे लिए अपने गहरे जुनून में परमेश्वर ने आगे बढ़कर हमारे साथ रिश्ता स्थापित किया। उसने हमें उसके अपने होने का दावा किया, हमारी असफलताओं को मिटा दिया, वह सब कुछ हटा दिया है जो हमें उससे अलग करता है, हमें छुड़ाया, हमें स्वीकार किया और अपने परिवार में हमारा स्वागत किया। तो कम से कम, इम्मानुएल का अर्थ है कि हम परमेश्वर से अलग नहीं हैं। हम उससे दूर नहीं हैं और ना ही वह हमसे दूर है। हम साथ हैं और परमेश्वर इस बात से रोमांचित होता है।

पर हमारे बारे में, आपके और मेरे बारे में और हमारी मानवता के बारे में, हमारे मानव अस्तित्व के बारे में, यहाँ जो कहा गया है कुछ और ही है, कुछ अद्भुत, जो वास्तव में आश्चर्यजनक है। इस एक "इम्मानुएल" शब्द में, परमेश्वर हमें बता रहा है कि हमारे बिना उसका परमेश्वर होने का कोई इरादा नहीं है! वह हमें कहता है कि उसने हमारी रचना इसीलिए की ताकि वह हमें अपने जीवन में भागीदार बनाये।

किसी के साथ रहने का मकसद उनके साथ जिन्दगी साझा करना होता है। पर यहाँ भी हम केवल ऊपरी सतह खरोंच रहे हैं। इम्मानुएल शब्द सिर्फ परमेश्वर के इरादे के ही बारे में एक बयान नहीं है। यह हमारे वर्तमान जीवन में होने वाली बातों के बारे में एक बयान है। इम्मानुएल का अर्थ है कि परमेश्वर इस वक्त अपने जीवन में हमें भागीदार बना रहा है और हम इस वक्त परमेश्वर के जीवन में भाग ले रहे हैं। हम अभी परमेश्वर के जीवन के दायरे में हैं, और इस प्रकार हम जो जीवन जी रहे हैं वह हमारा अपना नहीं है। हमारा जीवन परमेश्वर के जीवन में भागीदारी से कम नहीं है।

मैं आपको एक कहानी सुनाना चाहुँगा जो इसे स्पष्ट रूप से हमारे सामने प्रकट करती है। कई साल पहले, जब मैं डाक पत्रों की छँटाई कर रहा था, मेरा बेटा और उसका एक दोस्त उसी कोठड़ी में टहलते हुये आये जहाँ मैं बैठा था। मैं उसके दोस्त को बिल्कुल नहीं जानता था। हम बिलकुल अजनबी थे। मैं उसका नाम तक नहीं जानता था। लेकिन जो हुआ वह मेरे लिए इम्मानुएल की एक ठोस तस्वीर बन गयी है।

जबकि यह छोटा लड़का मुझे नहीं जानता था या मैं कैसा हूँ, पर मेरा बेटा जानता था। मेरे बेटे का मेरे साथ एक रिश्ता था। वह उसके प्रति मेरे प्रेम और उसमें मेरी खुशी को जानता था। उसका मेरे द्वारा स्वीकारे जाने पर विश्वास था। वह मेरे साथ घर पर था और उसे कुछ भी करने की आजादी थी, उसे अपनी असली व्यक्तीत्व छुपाने की जरूरत नहीं पडती थी, उसे मेरी उपस्थिति में आने और खेलने की आजादी थी। और उसने बस यही किया। अपनाये जाने की आजादी में वह मेरी उपस्थिति में टहलने लगा, सोफे पर जमकर बैठ गया और मुझे खेल में शामिल कर लिया। अगली बात जो हुई , हम फर्श पर इधर-उधर

लुढ़क रहे थे, मस्ती कर रहे थे। हँस रहे थे और अपने जीवन का पूरा आनंद ले रहे थे। और उसका दोस्त हमारे साथ वहीं था।

बाद में मुझे एहसास हुआ कि यहाँ कुछ बहुत ही महत्वपूर्ण घटना घटी है, जिसने एक दृष्टांत का रुप ले लिया था। इसे इस तरीके से सोचें। मान लीजिए कि आपने मेरे बेटे को एक पल के लिए इस घटना से हटा दिया है। मान लीजिए कि उसका दोस्त अकेले ही वहाँ कोठड़ी में चला आया हो। मुझे संदेह है, जैसा कि मैंने कहा हम एक दूसरे के लिये बिल्कुल अजनबी थे, कि वह कभी भी सोफे पर जमकर बैठता और मुझे खेल में शामिल करता। यहाँ मेरे बेटे की मौजूदगी के बिना घरेलु माहौल और स्वीकारे जाने का कोई सवाल ही नहीं उठता और इसलिए उसे मेरी मौजूदगी में घूमने फिरने की आज़ादी महसूस नहीं होती।

पर मेरा बेटा वहाँ मौजूद *था*। और जो अद्भुत बात हुई वह यह थी कि मेरे बेटे का मेरे साथ संबंध, मेरी स्वीकृति के बारे में उसका ज्ञान, मेरी मौजूदगी में आने की उसकी आज़ादी, उसके दोस्त के हृदय में कार्य कर गई। यह सरल था, फिर भी उल्लेखनीय था। इस लड़के को उस दायरे में लाया गया जो उसका नहीं था और वह इसमें भागीदार बन पाया। वह मेरे साथ मेरे बेटे के रिश्ते में भागीदार बन पाया। उसने मेरे बेटे की आजादी में हिस्सा लिया। जिसमें वह खेल सका।

अब, यहाँ एक सवाल है। क्या ऐसा हो सकता है कि आपके जीवन में ऐसा ही हो रहा हो, पर आप इससे अनजान हैं? क्या ऐसा हो सकता है कि आप, मेरे बेटे के दोस्त की तरह, किसी और के जीवन में शामिल हो गए हों? क्या ऐसा हो सकता है कि आपके शौक और प्रेरणा, आपकी प्रसन्नता और प्रेम, कड़े शब्दों में कहूँ तो, आपके हैं ही नहीं? क्या होगा यदि उनका स्रोत कोई और है जो गुप्त

रूप से उन्हें आपके साथ बांट रहा है? क्या होगा यदि आपकी रचनात्मकता और काम, आपके परिवार के लिए आपका प्रेम, संगीत, गोल्फ और मछली पकड़ने में आपकी खुशी, सबकुछ सही होने की आपकी चिंता, देने में आपकी खुशी, इस सब का स्रोत आप नहीं बल्कि कोई और है जो आपसे कहीं ज्यादा महान है, कोई जो आपसे इतना प्रेम करता है कि अपनी श्रेष्ठता, अपनी सुंदरता, अपनी परिपूर्णता और संपूर्णता में आपको भागीदार बनाता है?

इम्मानुएल के अर्थ को लेकर मेरा यही विश्वास है। हम सभी को एक आश्चर्यजनक उपहार दिया गया है, जो है आत्मा की संगति में सर्वशक्तिमान पिता परमेश्वर के साथ यीशु मसीह के साथ रिश्तों में भाग लेने का उपहार। यही आपके अस्तित्व का रहस्य है। आप यीशु के जीवन में भागीदार हैं। ठीक मेरे बेटे के दोस्त की तरह, आपको उसमें ठहराया गया है जो आपका है ही नहीं, उसमें शामिल किया, और आप उसमें जी रहे हो।[16] दुष्ट चाहे उसकी फुसफुसाहट "मैं कुछ नहीं..." पर विश्वास करने हेतु आपको उकसाये, पर सच्चाई यह है कि आप वही जीवन जी रहे हैं जो यीशु का उसके पिता के साथ है।

परमेश्वर कोई मुनीम या कोई बूढ़ा प्रोफेसर या किसी प्रकार का दिव्य ब्लैक होल नहीं है जो इतना गुस्से से भरा, अकेला और उब चुका और जरूरतमंद हो कि जो अपने आस-पास की हर चीज़ से जीवन सोख लेता हो। परमेश्वर का अस्तित्व त्रिएक रिश्ते में है: पिता, पुत्र और पवित्र आत्मा। और यह कोई मरा हुआ या खोखला रिश्ता नहीं है। पिता, पुत्र और आत्मा बगीचे में लगी कांस्य की उन तीन मूर्तियों की तरह नहीं जो - गूंगी, बहरी और भावना रहित होती हैं। पिता अपने बेटे को पसंद करता है। वह उससे प्रेम करता है, उसके साथ बिल्कुल

---

16 कुलुस्सियों 1:27 देखें

रोमांचित रहता है, उस पर गर्व से फूलता है।[17] और पुत्र अपने पिता को बहुत चाहता है, आत्मा की स्वतंत्रता और संगति में अपने पूरे हृदय, आत्मा, बुद्धि, और शक्ति से उससे प्रेम करता है। किसी निर्जीव मूर्ति में जमे रहने के बजाय, पिता, पुत्र और आत्मा जोशीले और शानदार जश्न के दायरे में रहते हैं। जो आपसी स्वीकृति, आनंद और प्रेम के जोशीले आलिंगन का एक दायरा है, जो उदासी या चिंता या दुख में नहीं, बल्कि अनछुए जीवन में - आनंदमय, उमड़ती हुयी संगति में प्रकट होता है। चर्च के शुरुआती धर्मशास्त्री बिल्कुल सही थे जब उन्होंने परमेश्वर के त्रिएक जीवन को एक दिव्य नृत्य के रूप में बताया। जो मरा हुआ नहीं बल्कि जीवित, उत्तम, सही, जिसपर कोई दबाव नहीं डाल सकता, उमड़ने वाला और रचनात्मक है।

आप शायद बाइबल की यह कहानी जहाँ यीशु ने पानी को दाखरस में बदला जानते ही होंगे।[18] जो बात मुझे हमेशा से अजीब लगी, वह यह है कि यीशु ने नौकरों से उसके लिए पानी लाने को कहा। इस पर गौर करें। यदि यीशु पानी को दाखरस में बदल सकता है, कोई उसके लिये पानी लेकर आए इसकी उसे आवश्यकता नहीं होनी चाहिये, है ना? बिल्कुल नहीं ! तो वह नौकरों से मदद क्यों माँगता है? क्योंकि वह उस प्रकार का व्यक्ति है। कि वह जो कर रहा है उसमें दूसरों को शामिल करने में उसे खुशी मिलती है।

मुझे लगता है कि यह कहानी यीशु मसीह मनुष्य क्यों बना उस कारण की एक तस्वीर है। क्या आपने कभी उसके बारे में सोचा है? कि परमेश्वर का पुत्र खुद को मनुष्य बनाने की परेशानी क्यों उठायेगा? वह ऐसा क्यों करेगा? यह काफी कुछ

---

17   मत्ती 3:17; 17:5 और यूहन्ना 5:19-20 देखें
18   यूहन्ना 2:1 ब देखें

उन दादा-दादी की तरह है जब वे अपने नए पोते के साथ खेलने के लिए नीचे उतर कर घोड़ा बन जाते हैं। कुलमिलाकर उनका केंद्र बिंदु यही होता है कि अपने प्रियजनों के साथ जीवन साझा करें। स्वाभाविक रूप से, वे जानते हैं कि बातचीत करने के लिए उन्हें शिशु के स्तर तक उतरना होगा और पोते की दुनिया में प्रवेश करने के लिए अपने आखरी स्तर तक सर्वोत्तम प्रयास करना होगा। बेशक, जिसे हम "अवतार" लेना कहते हैं, वह इससे कहीं अधिक गहरा है, पर मूल विचार यही है। परमेश्वर के पुत्र ने मानव रुप धारण किया ताकि वह अपने जीवन को हमारे साथ इस प्रकार से साझा करे कि जो वास्तव में हमें छू ले।

पर उस दुष्ट ने हम से इतने लंबे समय तक परमेश्वर के बारे में झूठ बोला है, हमें लगता है कि परमेश्वर कहीं बहुत दूर स्वर्ग में है। परमेश्वर के बारे में दुष्ट के सभी झूठ हमें यीशु की उपस्थिति और इम्मानुएल के बारे में जानने से रोकने के लिए रचे गए हैं। और मुझे ऐसा लगता है कि दुष्ट ने काफी अच्छी तरह से अपना काम किया है, यहाँ तक कि - और शायद विशेष रूप से - चर्च में। क्योंकि परमेश्वर और हमारे अपने बारे में हमारी बुनियादी धारणा यही है कि हम अलग किये गए हैं। हम मेज की एक तरफ परमेश्वर को और दूसरी तरफ खुद को देखते हैं। परमेश्वर अपने नियमों और आज्ञाओं को मेज पर रखता है, जिसका हमें जवाब देना होता है और नियमों का पालन करना होता है। धर्म ऐसे नियमों का वह पूरा पुलिंदा है जिसे हम खुद रचते हैं मेज पर रखने के लिये, ताकि हम खुद के लिये परमेश्वर को जवाब दे पायें। पर यह सब गलत है। सिवाय इस तथ्य के कि परमेश्वर की रुचि हमारे द्वारा नियमों का पालन करने से कहीँ अधिक है, इस तरह की सोच यीशु को तस्वीर से बाहर निकाल देती है। इस समीकरण में कोई इम्मानुएल है ही नहीं। यह मसीहियत है ही नहीं, क्योंकि सरल सत्य यह है कि अब परमेश्वर मेज के दोनों

ओर है। परमेश्वर का पुत्र मनुष्य बन गया।[19] तो अब तुम्हारे पास एक तरफ पिता है और दूसरी तरफ पुत्र है --जो हमारे स्थान पर और हमारी कुर्सी पर बैठा है। और वे आत्मा की संगति में एक साथ जीवन सांझा करते हैं।[20]

ऐसा क्यों? क्यों पुत्र मेज़ पर हमारी तरफ या हमारे स्थान पर बैठता है? जवाब सरल है। उसने ऐसा इसलिए किया ताकि वह अपना जीवन हमारे साथ सांझा कर सके। उसने मध्यस्थ बनने के लिए जन्म लिया था।[21] वह इसलिए आया ताकि वह हमारे साथ जीवन और परिपूर्णता को साझां कर सके जो उसका उसके पिता के साथ अनंतकाल से उसके रिश्ते में है।[22] यह एक हैरानी में डालने वाली सोच है जब हम रूक कर इसे गहराई से सोचते हैं। पर अब यह केवल सोच नहीं है: यह सीधा सरल सत्य है।

सुसमाचार इस तथ्य के बारे में है कि परमेश्वर का पुत्र, जो आत्मा की संगति में अपने पिता के साथ जीवन का आनंद लेता है, वह मनुष्य बना - मेज पर हमारी ओर बैठा - ताकि वह हमारे साथ अपने जीवन का सबकुछ साझां कर सके। और उसे न केवल इसजीवन को हमारे साथ सांझा करने के लिए भेजा गया, बल्कि इसके द्वारा एक ही बार और हमेशा के लिए हमारी अलगाव की भावना से निपटने के लिए भी भेजा गया। यदि पोता अंधा, बहरा और गूंगा होता तो दादा-दादी के लिए पोते के पास झुकने से क्या भला होता? पर, यदि झुककर, दादा-दादी चंगाई भी दे सकें, यही तो उद्देश्य है। यीशु हमारे साथ अपने समृद्ध जीवन को सांझा करने के लिए आया,और वही करने आया जो हमारे लिये जरुरी था - यहाँ तक

---

19   यूहन्ना 1:1-3, 14 देखें

20   मत्ती 3: 16-17 और 11:27 देखें

21   1 तीमुथियुस 2:5 और इब्रानियों 8:6; 9:15 देखें

22   मत्ती 11:27-30 देखें

कि खुद भारी कीमत चुकाकर – हमें चँगा करने आया ताकि हम उसके साथ उसके जीवन को जान सकें और जी सकें।

तथ्य यह है कि यीशु मसीह के आने का अर्थ है कि अब आप अकेले नहीं, और इसीलिए अब आप बेकार, अपर्याप्त, गलत या पराये नहीं रहे। पिता ने आपको अपने पुत्र में आशीषित किया है।[23] उसने आपको हर उस चीज़ में शामिल किया है जिसमें यीशु उसके लिए मायने रखता है और वह सबकुछ जो वे साथ मिलकर जीते हैं। आपको इसी वक्त एक आश्चर्यजनक प्रतिष्ठा और महिमा और परिपूर्णता का वस्त्र पहनाया गया है,[24] और न केवल वस्त्र पहनाया है—पर आप उसमें जी भी रहे हैं। बिल्कुल मेरे बेटे के दोस्त की तरह, आप भी उन चीज़ों में शामिल हैं जो आपकी नहीं है, और आप ठीक इस सबके मध्य में हैं। आप यीशु और उसके पिता के साथ उसकी श्रेष्ठता, परिपूर्णता, उसकी महिमा, धार्मिकता, सुंदरता और उसके जुनून में जी रहे हैं। आप त्रिएक परमेश्वर के जीवन के साथ जीवित हैं।

---

23 इफिसियों 1:3 देखें
24 कुलुस्सियों 2:9-10 देखें

वह जो आप जानते हुए भी नहीं जानते

मैं आपको एक और कहानी सुनाता हूँ जिससे मेरी बातें स्पष्ट करने में मदद मिलेगी। हाल ही में, एक विमान यात्रा दौरान, मैं एक जीवविज्ञानी के बगल में बैठा था। दरअसल, वे खुद को "व्यवस्थित विकासवादी सूक्ष्म जीवविज्ञानी" (Systematic evolutionary microbiologist) कहलाते थे! वे कैरेबियन में एक इंडियाना जोन्स के फिल्मों जैसे रोमांचक अभियान से लौट रहे थे। वास्तव में, यह पौधों की विभिन्न प्रजातियों के अध्ययन के लिए समर्पित एक शोध यात्रा थी।

अब, मैं मानता हूँ, मैं कोई पौधों में बड़ी दिलचस्पी रखने वाला व्यक्ति नहीं हूँ। पौधों के बारे में बात करें तो, विशेष रूप से ऐसी दुर्लभ प्रजातियां जिन्हें आम व्यक्ति जानता तक न हो, मेरे लिये यह कोई मजेदार विषय नहीं है। लेकिन यह व्यक्ति इतना उत्साहित था कि मैं उसके उत्साह में शामिल होने से खुद को रोक नहीं सका। नीरस और साधारण होना तो दूर की बात है, यह व्यक्ति जुनून से भरा हुआ था और वह अपने काम से निश्चित रुप से रोमांचित था।

उन्होंने यह कहानी उन पौधों के बारे में बताने से शुरवात की जो विलुप्त होने के कगार पर थे, वे कितने महत्वपूर्ण हैं, उन्हें बचाने के लिए क्या किया जा सकता है और हमें उन्हें क्यों बचाना चाहिए इत्यादि। वे इस विचार को सहन नहीं कर पा रहे थे कि हम पहले ही कुछ खो चुके हैं और अब पौधों की पूरी प्रजाति विलुप्त होने की कगार पर है। उन्होंने अपना रुमाल भी निकाला और चित्र और चार्ट बनाए। मैं

कहना चाहूँगा कि, मैंने वनस्पति विज्ञान के बारे में जितना स्कूल के वर्षों में नहीं सीखा था, उससे कहीँ ज्यादा इस थोड़े से समय में सीखा।

उनकी बातें पूरी होने पर, मैंने उनकी ओर झुककर एक सरल प्रश्न पूछा। "आपने, पौधों के लिए इतना जुनून कहाँ से पाया?" जिसने उन्हें हैरानी में डाल दिया और उन्होंने मेरी ओर ऐसे देखा जैसे मेरी कोई तीसरी आंख हो। मैंने कहा, "मेरा मतलब है, आमतौर पर ऐसा नहीं होता कि आप किसी ऐसे व्यक्ति से मिलते हैं जिसे पौधों को बचाने का इतना गहरा बोझ हो। मैं बस इसके स्रोत को लेकर उत्सुक हूँ। क्या आपकी परवरिश वनस्पति विज्ञानियों के इर्द-गिर्द हुई है? क्या आपके माता-पिता वनस्पति विज्ञानी हैं? क्या आपने किसी दिन यह तय किया था कि आप पौधों से प्रेम करेंगे?" उन्होंने कहा कि वास्तव में उन्होंने इसके बारे में कभी ज्यादा नहीं सोचा था। और हम दोनों ने हँसते हुए कहा, "शायद इसका भी विकास ही हुआ है!"

लेकिन फिर मैंने अपना रुमाल निकाला और एक दूसरे से जुड़े हुये तीन गोलाकार सर्कल बनाये, जिसमें एक घेरे में पिता और दूसरे में पुत्र और तीसरे में आत्मा लिखा था। मैंने उस सर्कल की ओर इशारा करते हुये कहा जिसमें पुत्र का नाम था कि, "मैं पौधों के प्रति आपके गहरे जुनून की उत्पत्ति को जानता हूँ। पूरी सृष्टी में केवल एक ही इंसान है जो वास्तव में पौधों में रुचि रखता है। वह अपने पिता की रचना से प्रसन्न है, और उनकी देखभाल और संरक्षण के लिए उसे बोझ है। वह उनमें से हर एक पौधों को नाम से जानता है। और मुझे पता है कि आप कौन हो। उसके पिता की रचना के प्रति उसके जुनून में आप यीशु मसीह के भागीदार हैं।

"आप में जो जुनून भरा है वह आपकी ओर से नहीं है। इसका स्रोत आप में नहीं है। यह यीशु मसीह की ओर से आता है। वह अपने पिता के पौधों के लिए अपना जुनून आप में डालता है। वह नम्रता से उन में अपनी प्रसन्नता, उनके देखभाल के प्रति अपना बोझ, अपनी अदृश्य आत्मा के द्वारा उनकी संपूर्णता की इच्छा में आपको भागीदार बनाता है। और आप उसमें जी रहे हो। आप रात को सोते हैं, सुबह उठते हैं और सारा दिन उसकी रुचियों और रचनात्मक विचारों में काम करते हैं। आपके जीवन में जितना आपने कभी सोचा था उससे कहीं अधिक हो रहा है। आप यीशु के जीवन में जी रहे हैं, उस रिश्ते में भाग ले रहे हैं जो यीशु मसीह का अपने पिता के साथ आत्मा की सहभागिता में है। आप परमेश्वर के त्रिएकत्व जीवन के घेरे में रहते हैं और आपको यकीन भी नहीं होता कि परमेश्वर अस्तित्व में हैं!"

इम्मानुएल कोई सिद्धांत नहीं है। यह एक रहस्य है। यीशु मसीह को उस दिन तक किसी कोठरी में बंद करके नहीं रखा गया है जिस दिन वह जगत में एक वास्तविक स्थान लेगा। वह हमारा प्रभु परमेश्वर है जो हमारे साथ है। यह वही है जिसमें और जिसके लिये और जिसके द्वारा सारी सृष्टी अस्तित्व में हैं और एक साथ जुड़ी हुई है, जिसमें आप भी शामिल हैं। जागो! "जगत की ज्योति मैं हूँ, जो मेरे पीछे हो लेगा, वह अन्धकार में न रहेगा, परन्तु जीवन की ज्योति पाएगा।"[25] क्या आप नहीं देखते कि आप कौन हो और किसके साथ हो? क्या आप नहीं देखते कि आपके जीवन में क्या हो रहा है और आपको कौन सी महान और आश्चर्यजनक चीज़ प्रदान की गई है?

एक और कहानी सुनाता हूँ। एक जवान माँ अपने हाथ में समाचार पत्रों का

---

25   यूहन्ना 8:12 देखें

एक बंडल लेकर मेरे दफ्तर में आई। उसने उन्हें मेरी मेज पर पटकते हुये कहा, "ऐसा लगता है जैसे मैं कोई कूड़ा हूँ। मैं इन मित्रों और मिशनरियों के समाचार पत्रों को पढ़ रही हूँ जो सभी लोग परमेश्वर के लिए अद्भुत कार्य कर रहे हैं। जिससे मुझे अहसास हुआ कि मेरा जीवन कितना बेकार है। पति के खातिर, मैं दिन में तीन बार कपड़े धोती हूँ, और जब कपड़े नहीं धो रही तो राशन खरीद रही होती हूँ, और जब राशन नहीं खरीद रही हूँ तो राशन का सामान उतार रही हूँ या खाना बना रही हूँ या खाना बनाने के बाद सफाई कर रही हूँ। और कहीं न कहीं मैं घर की इस गंदगी को व्यवस्थित रखने की कोशिश में लगी रहती हूँ, तीन बच्चों को संभालना, उन्हें कपड़े पहनाना और समय पर तय्यार रखना और अपने पति के लिए थोड़ा समय निकालने की कोशिश करती हूँ। मैं इतनी थक जाती हूँ कि बाइबिल भी नहीं पढ़ पाती। परमेश्वर को अर्पण करने के लिए मेरे पास क्या है ?"

"रुकिये!" मैंने कहा। "बस एक मिनट रुकिये! हमें अल्प विराम का बटन दबाकर इन सारी बातों पर पुनर्विचार करना होगा। मुझे पता चला है कि कल ही आपने अपनी बेटी को गर्म रखने के लिए एक कोट खरीदने में दो घंटे लगाए। और न केवल कोई कोट, ध्यान दें, लेकिन वही जो वह चाहती है, जो अगले साल भी पहनने के लिए काफी बड़ा होगा लेकिन ऐसा लगेगा नहीं, और वह भी जो सेल में बिक रहा था! और मुझे पता चला कि आपको जो चाहिये था वही मिला। अब मेरा सवाल है: अपनी बेटी के लिए आपको इतनी चिंता कहाँ से आई? मेरा मतलब है, क्या आपने अभी तय किया कि आप एक अच्छी माँ बनने जा रही हैं और एक बटन दबा दिया जिसने आपकी बेटी की भलाई के लिए यह बोझ डाला? उसके लिए या अपने परिवार के लिए आपके प्यार का स्रोत क्या है, कि आपकी यह चिंता कि उन्हें हर दिन सही भोजन मिले, उनका सही पालन-पोषण हो? घर को

साफ-सुथरा और व्यवस्थित रखने का यह बोझ आपको कहाँ से मिला?

"आप एक आस्तिक की तरह सोच रही हैं। आप सोच रही हैं कि परमेश्वर ने इस सारी सृष्टी को बनाया, इसे एक महान कालचक्र की घड़ी में धकेल दिया, उसे एक गती दे दी और फिर तस्वीर से बाहर निकल गया। आप सोच रही हैं कि अब परमेश्वर यहाँ नहीं हैं। और आप सोच रही हैं कि आपके जीवन में जो कुछ भी हो रहा है, आपका खाना बनाना और सफाई करना और राशन की खरीदारी, अपने बच्चों और पति के लिए आपका प्रेम और उनके भलाई के लिए आपकी चिंता और जो कुछ भी होता है, वह सब परमेश्वर के जीवन के दायरे से बाहर हैं। आपकी इस सोच के कारण आप हताश हैं, आपने इसकी संपूर्णता और आनंद को खो दिया है, और आप बस यही पता लगाने की हताशापूर्ण कोशिश में रहते हैं कि यह सब कैसे किया जाए और उसके बाद परमेश्वर के लिए कैसे कुछ किया जाए।

"आप मुख्य बात को अनदेखा कर रहीं हैं। और बात यह है कि यीशु मसीह वहाँ ऊपर इस बात का इंतजार नहीं कर रहे कि आप उसके लिए कुछ करें। वह यहाँ, आप में है। वह अपनी भेड़ों (आपके परिवार) और उनकी आजीविका के प्रति अपने बोझ में आपको भागीदार बना रहा है। और आप इसी में नींद से जागते हैं, इसी में पूरा दिन बिताते हैं, और वास्तव में यही आपको प्रिय लगता है। जो आपके होठों पर गीत ले आता है। लेकिन आप यह नहीं देख पाते कि वास्तव में यह है क्या। यह बोझ और आनंद आपका नहीं है, बल्कि उसका है, और पूरी दुनिया में आपके परिवार के लिए खाना बनाने से बढ़कर और कोई काम पवित्र नहीं है। क्योंकि यह काम खुद पिता परमेश्वर से कम नहीं है, जो अपने पुत्र और आत्मा के द्वारा, अपने प्रियजनों को अपने शाही भोज में भागीदार बनाता है। जो एक दिव्य घटना है!

" जितने सपने आपने देखे होंगे उससे कहीं अधिक आपके साथ हो रहा है। यदि आप इसे देख नहीं पाते, तो आप पीड़ादायक एक धीमी और दर्दनाक मौत मरते हैं –जो एक ऐसी तीव्र उदासी लाती है जो इतनी गहरी और फैलती जाती है कि आप अपना सारा जुनून खो देते हैं। आप अपने होठों से एक उत्तम दाखमधु का सुनहरा प्याला तो लगायेंगे पर कभी इसका स्वाद नहीं ले पायेंगे। और फिर आप एक गिलास उत्तम वाईन न मिलने की निराशा में डूब जाओगे!"

मैं एक और कहानी सुनाना चाहूँगा। हाल ही में मैं एक पेशेवर गोल्फर के साथ खाना खा रहा था जो एक ईसाई भी है। उन्होंने मेरी ओर झुककर बड़ी गंभीरता से पूछा, "परमेश्वर गोल्फ में कैसे फिट बैठते हैं?" मुझे पता है कि वह सचमुच में गंभीर था। मैं उसकी आँखों में एक गहरी दुविधा देख सकता था। क्योंकि वह अपने हृदय में गोल्फ खेलना चाहता था – यह खेल उसे रोमांचित करता था - लेकिन उसके दिमाग में वह यह नहीं समझ पा रहा था कि परमेश्वर का सम्मान इस खेल द्वारा दूर-दूर तक भी कैसे हो सकता है, या केवल तब ही जब वह कभी-कभार जीत जाये, और तब वह जीतने द्वारा परमेश्वर को महिमा दे सके। वह जैसे दुविधा में था।

उसका प्रश्न मुझसे अब तक पूछे गए सबसे महानतम धार्मिक प्रश्नों में से एक था। मैंने क्या जवाब दिया? मैंने उसे कोठड़ी में अपने बेटे और उसके दोस्त की कहानी और उस जीवविज्ञानी की कहानी सुनाई! और उसे फिल्म चैरियट्स ऑफ फायर में ओलंपिक चैंपियन एरिक लिडेल और वह शक्तिशाली दृश्य याद दिलाया, जब वह अपनी बहन से कहता है, "परमेश्वर ने मुझे तेज बनाया, और जब मैं दौड़ता हूँ तब मैं उसकी प्रसन्नता महसूस करता हूँ।"

मेरा गोल्फर दोस्त भी इम्मानुएल की खुशखबरी को भूल चुका था। दुष्ट ने

उसे ऐसा सोचने पर मजबूर कर दिया था कि परमेश्वर एक तमाशबीन मात्र है – जो वहाँ कहीं उपर बैठा खेल देख रहा है। इस प्रकार, वह गोल्फ में अपने आनंद को पिता के नहीं बल्कि अपने आनंद के रूप में देख रहा था। वह अपने आपको दुष्ट के नजरिये से देख रहा था कि परमेश्वर एक तरफ और वह खुद दूसरी तरफ है। गोल्फ मेज के बिल्कुल हमारी तरफ बिलकुल मानविय खेल था और वह जानना चाहता था कि वह इसमें परमेश्वर की महिमा कैसे कर सकता है।

लेकिन सच तो यह है कि गोल्फ उसकी जागीर नहीं है। पर यीशु मसीह उसमे मौजुद है। जो त्रिएकत्व जीवन का एक निवास स्थान, उसकी उपस्थिति का स्थान है। आप को क्या लगता है? क्या यीशु वहाँ ऊपर कहीं किसी दिव्य जेल में इंतजार कर रहा है कि हम हमारे धर्म का सही पालन करें? क्या उसने उस स्थान से निकलकर हमें अपने पारिवारिक जीवन के दायरे से बाहर अनाथों[26] की तरह छोड़ दिया है? क्या वह एक साधु से अधिक कुछ नहीं जिसने सिर्फ एक धार्मिक व्यवस्था बनाई है? मुझे तो नहीं लगता।

इम्मानुएल एक निमंत्रण नहीं है। यह सत्य है। यीशु मसीह अनुपस्थित नहीं है, पर उपस्थित है। पर वह अद्भुत और नम्रतापूर्वक और गुप्त रूप से खुद को और खुद के जीवन को अपने पिता और हमारे साथ सांझा कर रहा है। यह एक दिव्य नृत्य है, आनंद और प्रसन्नता का, सुंदरता और उत्कृष्टता और महिमा का एक दायरा है, और उससे कुछ भी कम नहीं, जो हमारे गोल्फर के दिल में समाता है, उसे प्रेरित करता है और रोमांचित करता है। यदि हम गोल्फ द्वारा यीशु की महिमा भी करते हैं तो वह उसे कम नहीं आंकता। उसका जुनून है कि हम उसकी महिमा में गोल्फ खेलें।

---

26   यूहन्ना 14:18 देखें

गोल्फ में परमेश्वर कैसे फिट बैठता है? असली सवाल यह है कि क्या उसके बिना कोई खेल मजेदार होगा? क्या उसके बिना जीना मजेदार होगा? खैर, बेशक ऐसा नहीं हो सकता!

जीवन के इस दायरे के भागीदार हुये बिना जीना पूरी तरह कठिन परिश्रम होगा। कौनसी बात रिश्ते, दोस्ती और बातचीत को काफी बेहतर बनाती है; कौनसी बात काम, शिक्षा, चिकित्सा और देखभाल को काफी शानदार बनाती है; कौनसी बात बेसबॉल, बागवानी, मछली पकड़ने और रेसिंग कारों को इतना मनोरंजक बनाती है; कौनसी बात चित्रकारी, संगीत और नृत्य को इतना जीवंत बनाती है जैसा कि वे सभी अपने गहन विचारों में, पिता, पुत्र और आत्मा के त्रिएक जीवन के निवास स्थान में पाये जाते हैं।

इम्मानुएल का अर्थ होता है कि मानव अस्तित्व को त्रिएक परमेश्वर के जीवन में महिमा, परिपूर्णता, उत्कृष्टता, सुंदरता में बाप्तिस्मा दिया जाना। हमारी समस्या यह नहीं है कि हमें बाहर कर दिया गया है, जैसे बच्चे को मेले से बाहर नहीं कर दिया गया था या बौनों को नार्निया से बाहर नहीं कर दिया गया था। हमारी समस्या यह है कि हम दुष्ट की फुसफुसाहट पर विश्वास करते हैं, “मैं कुछ नहीं हूँ...।” हम दिन-ब-दिन अपने अंदरूनी बिखरे हुये हिस्सों के साथ जीवन बिताते हैं, और हमारी मन की सुरक्षितता इतनी व्याकुल होती है कि हम तीव्र बौनेपन से पीड़ित रहते हैं। और हम महिमा नहीं देख पाते। “हाँ...यह तो सिर्फ गोल्फ है, सिर्फ बेसबॉल है, बस मछली पकड़ना ही तो है। यह सिर्फ राशन खरीदारी और खाना बनाना और सफाई ही तो है, सिर्फ रात का खाना। यह सिर्फ वनस्पति विज्ञान है, सिर्फ काम है, सिर्फ धूप है, सिर्फ फूल हैं, सिर्फ संगीत ही तो है। बस मेरी बेटी ही तो है जो मुझे फिर से परेशान करने आयी है।” दुष्ट ने हमारे दिलों

को ऐसी कठपुतली बना दिया है कि हम नहीं देखते कि वास्तव में हमारे भीतर और हमारे आसपास क्या हो रहा है। हमें नहीं पता कि हमें कौन सी महान और आश्चर्यजनक चीज़ दी गई है।

हम नहीं जानते कि वास्तव में हम कौन हैं। हम उत्तम दाखमधु के सुनहरे प्याले उठाते तो हैं, पर सिर्फ गधे के कुंड के गंदे पानी का स्वाद लेते हैं! और फिर हम अपना जीवन एक से दूसरी चीज़ों पर लगाते हुये भटकते रहते हैं, एक गिलास असली दाखमधु की व्याकुल और निराशा भरी एक लंबी खोज में! लेकिन सुसमाचार वास्तव में काफी सरल है। दुष्ट की कानाफूसी "मैं कुछ नहीं हूँ...", के विपरित, पिता अपने अनंत शब्द जोरों से पुकारता है, "तूम मेरे हो! और हमारे उत्तर की अपेक्षा करता है कि हम कहें, "हाँ, मैं तुम्हारा हूँ!"

डॉ. सी. बॅक्सटर क्रुगर
व्दारा लिखीत अन्य किताबें

नृत्य करते परमेश्वर का दृष्टांत

यीशु द्वारा वर्णित कहानी 'पिता और उसके दो पुत्र' पर आधारित, डॉ. क्रुगर की पहली तथा अब दुनियाभर में मशहूर छोटी किताब परमेश्वर के बारे में चौकाने वाले सच की सशक्त तस्वीर है। एक ऐसे हिसाब रखनेवाले न्यायाधीश से परे, जो बाज़ की तरह नज़र गढ़ाए बैठा है कि देखे, हम नियमों का पालन करते है या नहीं, यीशु जिस पिता को प्रकट करता है वह ऐसा पिता है जो जूनून से हमसे हमेशा प्यार करता आया है और हमसे कोई अपेक्षा नहीं करता, सिवाय इसके कि हम उसकी स्वीकृति और हमसे उसकी प्रसन्नता को जाने और उनकी स्वतंत्रता में जिये। यह छोटीसी किताब जिसे दुनियाभर में पसंद किया गया तथा पादरियों, चिकित्सको तथा पुनर्वसन समूहों व्दारा कई जगहों पर इस्तेमाल किया गया, यह किताब आपको परमेश्वर पिता के हृदय के सम्मुख लाती है। यह किताब काफी सरल, सीधी तथा अद्भुत रिती से सुंदर है।

" मैंने 55 साल, 11 महीने, 16 दिनों तक कोशिश की सही जीवन जीने की। मेरा मतलब है, मैंने जबरदस्त कोशिश की। उस रात 11 बजे के बाद मैंने फैसला किया कि मुझे इस छोटी किताब "नृत्य करते परमेश्वर का दृष्टांत" को पढ़ना है, जो मेरे दामाद ने मुझे भेजी थी। जब मैं लगभग तीसरे पन्ने पर पहुँचा, मुझे लगा जैसे किसी ने मेरे मुँह पर लोहे की कड़ाही से वार किया हो। मैं हक्का-बक्का होकर तकिए पर लेट गया और मैंने कहा "हे भगवान, क्या मैं जिंदगी भर गलत सोचता रहा? "इसका उत्तर सरल तथा स्पष्ट था, "हाँ"। और यह तो बस शुरुआत है।

जुलियन फॅगन

अटर्नी, अमोरी, मिसिसिपी

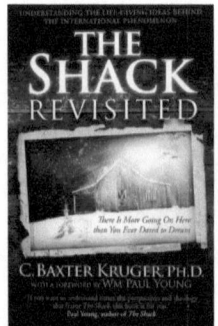

'द शॅक' पर समीक्षा

लाखों लोगों ने अपनी अध्यात्मिक भूक को विलियम पी. यंग की #1 न्युयॉर्क टाइम्स बहुचर्चित किताब 'द शॅक' व्दारा संतुष्ट होते हुए पाया – एक ऐसे आदमी की कहानी जो परमेश्वर पिता, परमेश्वर पुत्र तथा पवित्र आत्मा से सामना होने व्दारा गहरी निराशा से उपर उठाया जाता है। अब सी. बॅक्सटर क्रुगर की 'द शॅक' पर समीक्षा, पाठकों को इन तीन व्यक्तियों की गहराई की समझ में ले चलती है, ताकि पाठकों को 'द शॅक' के मूल संदेश से अधिक स्पष्टता से पहचान हो – जो है 'परमेश्वर प्रेम है'।

" बॅक्सटर क्रुगर अपनी अद्वितीय बौद्धिक चमक तथा रचनात्मक प्रतिभा से पाठकों को स्तब्ध कर देंगे जब वे उन्हें आश्चर्य, आराधना और संभावना की गहराई में ले जाते हैं – जो कि 'द शॅक' की दुनिया है।"

डब्लू एम. पॉल यंग

'द शॅक' और ' इव्ह ' के लेखक

पतमुस :

तीन दिन, दो आदमी एक असाधारण बातचीत

जब एडन खुद को अपने मूल स्थान मिसिसिपी से बहुत दूर पाता है, वह अकथनीय रूप से प्रेरित यूहन्ना से पतमूस टापू पर मिलता है। आधुनिक दुनिया से हारा हुआ तथा उन जवाबों के लिए बेताब जो उसके वर्षो का अध्ययन संतुष्ट करने में विफल रहे, एडन का सामना यीशु के प्रिय शिष्य की आश्चर्यजनक अंतर्दृष्टि से होता है। वे दोनों सच और झुठ, प्रकाशन और धोखा, दु:ख और खुशी का एक असाधारण संवाद शुरू करते हैं।

"पतमुस गहरे और आकर्षक धर्मशास्त्र तथा परिवर्तन के लिए एक प्रवेश व्दार रूपी दवा है!"

डब्लू एम. पॉल यंग

#1 न्युयॉर्क टाइम्स की बहुचर्चित किताब 'द शॅक ' के लेखक

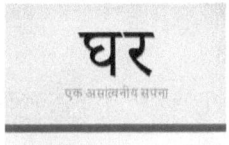

घर :

एक असांत्वनीय सपना

घर हमारी भाषा में सबसे अधिक विचारोत्तेजक और नित्य आनेवाला शब्द है। दूसरे किसी शब्द की तरह यह स्वरो तथा व्यंजनो का संचय है, फिर भी हमसे बहुत कुछ कहने की और हमारे आत्मा को छूने की जादुई क्षमता इसमें है, ऐसा क्यों? इस शब्द में ऐसा क्या है? हमें इतनी गहराई से छूने की ऐसी विशेष क्षमता इसमें क्यों है?

अधिक जानकारी के लिए

कृपया देखें: www.perichoresis.org

यहाँ पर आपको डॉ. क्रुगर से सम्बंधित किताबें, पॉडकास्ट, वीडियो, चित्र, निबंध और व्याख्यान सहित कई सारे शिक्षा संसाधन मुफ्त मिलेंगे। आप यहाँ किताबें और सामान (टी-शर्ट, हुडी, टोपी) भी खरीद सकेंगे और सालभर होनेवाले कार्यक्रमों की जानकारी पा सकेंगे।

कृपया हमारे मासिक न्यूज़लेटर और निःशुल्क यूट्यूब (YouTube) चैनल के लिए साइन अप करें, जिसका नाम है "Astonished Hearts, with C. Baxter Kruger & Friends"

यदि आप ऐसे किसी ऑनलाइन समुदाय से जुड़ना चाहते है जो परमेश्वर के प्यार की गहरी समझ के लिए तत्पर है तथा डॉ. क्रुगर के साथ हर महीने लाइव चर्चा में भाग लेना चाहते हैं, तो आप पैट्रियन (Patreon) पर साइन अप कर सकते हैं।

इस चैनल का नाम है " Across All Worlds "

कृपया उस वेबसाइट पर जाने के लिए नीचे दिए कोड को स्कैन करें जहां आप उपरोक्त सभी संसाधनों तक पहुंच सकते हैं।

www.perichoresis.org

और कृपया हमें इस पर फ़ॉलो करें:

www.ingramcontent.com/pod-product-compliance
Lightning Source LLC
Chambersburg PA
CBHW031241120626
46545CB00003B/1230
9781960761026